Dieses Buch gehört:

JULIA VOLMERT

Zwei Beste Freunde halten zusammen

Ein Vorlese-Bilderbuch

albarello

Für Lukas und Katharina

Originalausgabe, 1. Auflage 2015

© 2015 Julia Volmert (Text und Illustration)
© 2015 Albarello Verlag GmbH, Haan
Alle Rechte liegen bei der
Albarello Verlag GmbH
Neue Rechtschreibung

ISBN 978-3-86559-085-5

www.albarello.de

INHALT

Lino Löwe und Winibald Waschbär sind die
besten Freunde. Sie wohnen zusammen
in ihrem kleinen Haus im Wiesengrund.
Lino wohnt unten im Haus.
Der Waschbär Winibald wohnt oben.
Auch beste Freunde sind nicht immer
einer Meinung, vor allem, wenn es
ums Aufräumen geht.

Lino Löwe ist ungefähr so groß wie ein Kleiderschrank
und fürchtet sich vor fast nichts auf der Welt. Außer vor
ein paar unbedeutenden Kleinigkeiten (wie zum Beispiel
vor Hunden, Gewitter, Monstern, nassen Füßen, Dunkelheit,
Großwildjägern, Zahnschmerzen, schlechten Träumen,
unheimlichen Geräuschen, ärgerlichen Bienen ...)

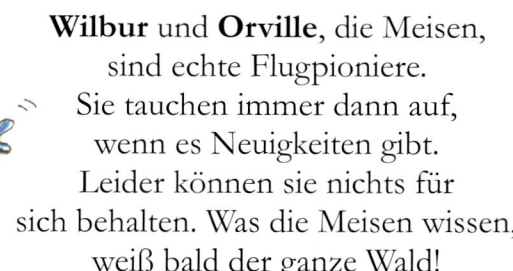

Wilbur und **Orville**, die Meisen,
sind echte Flugpioniere.
Sie tauchen immer dann auf,
wenn es Neuigkeiten gibt.
Leider können sie nichts für
sich behalten. Was die Meisen wissen,
weiß bald der ganze Wald!

Winibald Waschbär ist auch ungefähr so groß wie
ein Schrank (aber wie ein Puppenschrank) und flink.
Er hat graues Fell und im Kopf immer viele gute Ideen.
Zumindest er selbst findet seine Ideen gut.
Der Löwe ist manchmal anderer Meinung!

Wilma, das Wildschwein, ist meistens
gut gelaunt, aber immer hungrig.
Selbst wenn sie sich im Gebüsch versteckt,
kann man sie an ihrem Grunzen erkennen.
Sie singt sehr gerne, aber leider
möchte das keiner hören.

Der **Fuchs** weiß immer alles besser.
Er hat immer einen Tipp für seine Freunde.
Aber oft sind seine Tipps so, dass er selbst
am meisten davon hat.

WINIBALD WASCHBÄR RÄUMT AUF

Lino Löwe und Winibald Waschbär halten immer zusammen. Sie sind die besten Freunde und erleben jeden Tag die tollsten Sachen. Sie wohnen gemeinsam in dem kleinen Haus im Wiesengrund und sie verstehen sich immer gut. Na ja – fast immer.

An diesem Morgen scheint die Sonne in Linos Zimmer und wirft leuchtende Flecken an die Wand. Das sieht hübsch aus.

Lino bekommt richtig Lust, ein buntes Bild zu malen. Schnell holt er seinen Farbkasten. Aber er kann seinen Malblock nicht finden. Lino öffnet den Schrank. Da fällt ihm das Wolfskostüm entgegen, das der Waschbär gestern hineingeknautscht hat. Der Malblock ist nicht da. Und warum zum Kuckuck ist jetzt auch der Farbkasten fort? Lino hat nicht bemerkt, dass das Wolfskostüm auf den Farbkasten gefallen ist.

„Winibald, hast du meinen Malblock gesehen?", ruft der Löwe nach oben, wo der Waschbär wohnt.

Winibald Waschbärs Kopf erscheint oben an der Treppe. „Deinen Malblock suchst du? Ich schau mal nach!"

Es rumort und poltert oben. Dann kommt der Waschbär auf seinem Schnell-rutsch-Kissen die Treppe heruntergerutscht.

Plopp-plopp-plopp-bumm! Schon ist er unten. Das macht er immer so, wenn er es eilig hat.

„Bei mir ist dein Block nicht", sagt der Waschbär. „Hast du hier gründlich nachgeschaut? Ich helfe dir suchen!"

Der Waschbär schaut sich in Lino Löwes Zimmer um. Kein Malblock zu sehen. Er kippt Linos Spielkiste auf dem Boden aus. Jede Menge bunter Bausteine kullern auf den Teppich. Ein paar Spielzeugautos, ein Traktor, Kuscheltiere – aber kein Malblock!

Jetzt zieht der Waschbär die Schubladen aus der Kommode und wühlt darin herum. Mindestens die Hälfte von Löwes Sachen liegt auf dem Teppich ausgebreitet. – Aber kein Malblock!

Winibald Waschbär schaut auch im Küchenschrank nach. Er leert sogar die Besteckschublade aus. Dann rennt er wieder zurück in Linos Zimmer, wo er Linos Sachen aus dem Schrank reißt. Er schüttelt jedes Teil aus, um zu sehen, ob der Malblock herausfällt. Natürlich fällt nichts heraus, bis auf ein bisschen Sand, der in Linos Tragetasche war.

Lino schaut auf den Fußboden, wo sich Geschirr, Spielsachen und alles mögliche andere türmt. Aber als Winibald Waschbär auch noch anfängt, die Blumentöpfe auszukippen, reicht es dem Löwen.

„Du machst es hier total unordentlich!", sagt Lino.

„Stell dich nicht so an. Ich wollte doch nur helfen!", sagt Winibald.

Aber dem Löwen gefällt es gar nicht, wie sein Zimmer nun aussieht. „Das wird Stunden dauern, bis es wieder aufgeräumt ist!", mault der Löwe und schaut brummelig drein. „Jetzt wird es mir zu bunt!"

„Zu bunt?", sagt der Waschbär. „Hm. Zu bunt." Das bringt Winibald auf eine Idee! Er denkt einen Augenblick nach.

„Wer Ordnung hält, kann was erleben oder so ähnlich, sagt Omi immer. Ich räume auf!", ruft er fröhlich. „Du gehst ein bisschen spazieren, und wenn du wiederkommst, wirst du dich wundern – versprochen!"

Lino Löwe nimmt seinen Sonnenhut und geht aus dem Haus. Er sagt nicht einmal: „Auf Wiedersehen, Winibald!", oder: „Bis gleich, lieber Freund!" Auweia!

Der Waschbär schaut auf den Berg Sachen, der sich vor ihm auftürmt. Ja, der Löwe hat recht. Es sieht schlimm aus!

Doch jetzt wird Winibald aufräumen. So gut, wie es noch nie aufgeräumt war in ihrem kleinen Häuschen. Lino Löwe soll staunen, denn der Waschbär ist der beste Aufräumer im ganzen Wald. Und seine Idee ist wirklich hervorragend …

Als Lino Löwe nach Hause kommt, ist er wieder gut gelaunt. Er hat frische Brötchen besorgt und freut sich schon auf ein zweites Frühstück mit dem Waschbären. Bestimmt wird Winibald hungrig sein, nach der anstrengenden Aufräumerei.

Der Löwe öffnet die Tür und staunt. Sein Zimmer ist gar nicht wiederzuerkennen! Lino schaut auch in die Küche. Sehr ordentlich, aber irgendwie sehr seltsam.

„Na, da staunst du, nicht wahr?!", ruft Winibald Waschbär fröhlich. Lino Löwe schaut sich um. Alles sieht so anders aus. Warum nur? Und was ist das? Da hängt ja … Lino kann es nicht fassen. Das ist doch die Klobürste, die da über der Spüle hängt!

„Äh – schön. Aber wieso hängt die Klobürste über der Spüle?", fragt der Löwe.

„Dreimal darfst du raten", freut sich Winibald.

Über der Spüle hängen beigefarbene Dinge mit Borsten: der Besen, die Klobürste, der Handfeger und die Zahnbürste.

Auf Linos blauem Bett sind lauter blaue Sachen aufgereiht: die Kaffeekanne, das Kehrblech, ein Abenteuerbuch mit blauem Umschlag, ein Häuflein Heidelbeeren, einige blaue Bauklötze, ein blaues Auto, eine blaue Seife aus dem Bad …

In einer Ecke leuchtet es orange: Hier liegen Apfelsinen, Möhren, eine orange Schaumbadflasche, ein oranges Handtuch, Blumentöpfe, Stifte und Bonbons – alles in Orange.

„Was soll das? Schaumbad und Möhren, Heidelbeeren und Bauklötze – das nennst du aufräumen?", wundert sich der Löwe. Er versteht das nicht.

„Ich habe alles nach Farben sortiert", erklärt der Waschbär stolz. „Ist das nicht hübsch?"

Der Löwe schaut in seinem Zimmer umher. Ja! Deshalb sieht es so seltsam aus.

Löwes rote Kuscheldecke ist oben auf dem Schrank – mit einem roten Apfel, dem roten Teppich, noch mehr Bausteinen (nur roten), einer roten Tasse, drei Tomaten, Himbeersaft, dem roten Filzstift (wo ist bloß die weiße Kappe vom Filzstift?), Erdbeermarmelade und der roten Hälfte einer durchgeschnittenen Zahnpastatube, aus der Zahnpasta tropft.

„Die weiße Hälfte liegt im Bad, bei den weißen Sachen", beeilt sich Waschbär zu erklären. „Und ich konnte ja nicht wissen, dass in der roten Hälfte auch weiße Pasta ist! Jetzt bist du sprachlos, nicht wahr? So einen tollen Aufräumer hat nicht jeder zum Freund!"

Der Löwe ist wirklich sprachlos! Stumm öffnet er die Badezimmertür. Hier türmen sich alle weißen Sachen. „Passend zu dem weißen Klo und der Wanne", erläutert der Waschbär zufrieden.

In der Wanne liegen die weiße Hälfte der Zahnpastatube, eine Flasche Milch, Briefumschläge, ein Wecker, fünf Teller, der Lampenschirm, Eier (nur weiße natürlich) und vieles mehr. Alles in Weiß. Ach ja, die weiße Kappe vom roten Filzstift liegt auch in der Wanne.

Im Spülschrank findet sich alles, was gelb ist: Käse, Bananen, ein gelber Schirm, Birnen, gelbe Bonbons, Gummistiefel, ein Glas Honig ohne Deckel, gelbe Filzstifte ohne Kappen, abgerissene gelbe Blüten …

„Was hast du denn mit den Blumen gemacht?", fragt der Löwe, der seine Topfblumen sehr liebt und fast nie vergisst, sie zu gießen.

„Na, die Blüten gehören doch zu ‚Gelb'. Die Stiele musste ich zu ‚Grün' sortieren", erklärt der Waschbär freundlich. „Du findest sie hier, unter der Treppe. Und für ‚Braun' wie Blumenerde war nur noch im Kühlschrank Platz!"

Als Lino Löwe den Kühlschrank öffnet, rieselt ihm die Erde entgegen. Daneben liegen Eier (diesmal nur braune), Schokolade, Packpapier, Kochlöffel, Kartoffeln, Pilze, Wanderstiefel und Linos Lieblings-Nugatcreme. Unter der Treppe stapeln sich ein grüner Eimer, grüne Bausteine, grüne Pullis, eine Gurke, zwei Salatköpfe und eben die Blumenstiele.

Der Waschbär ist ein bisschen ärgerlich. Lino Löwe freut sich gar nicht richtig. Dabei hat Winibald so viel Arbeit gehabt!

Der Löwe setzt sich an den Tisch, auf dem sich alle silbernen und goldenen Dinge befinden: der Honigdeckel, Besteck, ein Radio, der Lampenfuß, ein Bilderrahmen (Lino traut sich nicht zu fragen, wo das Bild hingekommen ist), Ausstechförmchen für Weihnachtsplätzchen, Topfdeckel und die Türklinke, die der Waschbär offenbar abgeschraubt hat.

„Sag doch mal was!", fordert der Waschbär. „Ist das nicht praktisch? Wenn du etwas Weißes brauchst, musst du jetzt gar nicht mehr lange suchen. Du musst nur im Bad nachsehen!"

„Und wenn ich baden will?", fragt der Löwe.

Daran hat der Waschbär nicht gedacht. „Stimmt. Aber – na ja, dann räumst du eben mal die Wanne leer. Hattest du nicht Brötchen mitgebracht?"

Lino Löwe seufzt und nickt. „Ja", sagt er. „Komm, Waschbär, wir machen ein zweites Frühstück!"

„Gut. Ich räume eben den Herd frei und koche Kakao", sagt der Waschbär.

Er holt die Milchflasche und Teller aus der Badewanne. Die Butter ist im Spülschrank ziemlich flüssig geworden, dafür ist die Nugatcreme aus dem Kühlschrank steinhart. Als die Milch warm ist, holt der Waschbär Kakaopulver aus dem Kühlschrank und überlegt. „Die Kanne ist blau, also liegt sie im Bett – das ist doch wirklich einfach!"

„Aber wo ist meine Lieblingstasse? Die lila-blaue mit den bunten Blümchen?", will der Löwe wissen.

„Ach, äh – die Tasse", sagt Winibald Waschbär und schaut etwas verlegen drein. „Nun ja … die Tasse liegt auf dem Haufen für ‚KFDIK'."

17

„KFDIK?", fragt der Löwe.

„Das heißt ‚Keine-Farbe-Die-Ich-Kenne', erklärt der Waschbär. „Dort liegen alle Sachen, die man nicht zu einer bestimmten Farbe sortieren kann. Der Haufen ist etwas größer – er ist gleich draußen hinter dem Haus … Und, Lino – holst du bitte mal eben die Tischdecke? Ich glaube, ich habe damit ‚Gespenst' gespielt. Sie ist oben in meinem Zimmer, da habe ich noch nicht aufgeräumt."

Der Löwe schaut oben nach. Auf einem Stuhl liegt die Tischdecke, in die der Waschbär zwei Augenlöcher geschnitten hat. Und unter der Decke – liegt Linos Malblock!

Der Löwe und der Waschbär sind die besten Freunde. Sie verstehen sich immer gut. Na ja – fast immer …

Heute ist so ein Tag, da möchte der Löwe den Waschbären eine Weile nicht mehr sehen. „Jetzt gehst DU mal spazieren. Ich muss nämlich dringend aufräumen", sagt er. „Und dann werde ich in aller Ruhe ein Bild malen! Komm ja nicht vor dem Abendessen nach Hause!"

Die besten Bonbons der Welt

Lino Löwe und Winibald Waschbär sind die besten Freunde. Sie erleben zusammen die schönsten Abenteuer.

Gestern haben sie zum Beispiel bis spät in die Nacht gespielt. Deswegen schlafen sie heute ein bisschen länger.

An diesem Morgen wird Lino Löwe davon geweckt, dass jemand an die Tür klopft. Erst leise, dann immer lauter. „Komm rein, Waschbär! Es ist offen", grummelt der Löwe verschlafen und zieht sich das Kissen über den Kopf.

Die Tür wird geöffnet und jemand kommt herein.

„Guten Morgen! Sind Sie der Herr Lino Leonidas Löwe, wohnhaft im Häuschen am Wiesengrund Numero eins, unten?", fragt da eine fremde Stimme.

Der Löwe öffnet die Augen. Lino Leonidas Löwe? So hat ihn sein Freund Winibald Waschbär noch nie genannt!

Lino Löwe setzt sich hin und gähnt. Der Mann mit der blauen Jacke, der mitten im Zimmer steht, macht erschrocken einen Satz rückwärts, zur Tür. So viele große Zähne in einem Mund hat der Mann noch nie gesehen.

„I-i-ich wollte nicht st-st-stören", stottert er. „Ich ka-ka-kann später noch mal wiederkommen."

Der Löwe klappt sein Maul zu und blinzelt. „Nein, jetzt bin

ich wach. Und frühstücke gleich! Wer bist du denn?"

„Ich b-bin der Briefträger", stottert der Mann. „Ich habe hi-hier ein Päckchen für einen Herrn L-löwe. Ich dachte, da-da-das müssen Sie sein."

Lino Löwe nickt ganz aufgeregt. „Ein Päckchen? Für mich?" Er nimmt dem Briefträger das Päckchen ab und schüttelt es vorsichtig. „Was kann darinnen sein?"

„Sch-sch-schauen Sie doch in Ruhe nach, wenn ich w-w-weg b-bin", schlägt der Briefträger vor. „B-bitte machen Sie einen Gebissabdruck – oh Entschuldigung – Pfotenabdruck auf diese Quittung – hier unten bei: Biss erhalten – oh Entschuldigung – Sendung erhalten."

„Sie sind wohl auch noch ein bisschen müde, was?", fragt Lino Löwe. „Möchten Sie mit mir frühstücken? Ich bin ganz schön hungrig!"

„Da-da-danke schön. A-a-aber ich muss weiter!" Rasch läuft der Briefträger aus dem Haus und schwingt sich auf sein Fahr-rad. Bis jetzt war Bauer Runkelrüb mit seinem großen Hund sein schlimmster Kunde. Aber dieser Herr Löwe mit seinen riesigen Zähnen? Hoffentlich bekommt der nicht zu viele Päckchen. Der Briefträger radelt so schnell, wie er bisher noch nie geradelt ist.

„Mannomann. Dieser Briefträger ist aber auf Zack!", wundert sich Lino. „Solch tüchtigen Leuten schaut man gerne nach!"

Inzwischen ist Lino Löwe hellwach vor Neugierde. Was wohl in dem Päckchen sein mag?

„Winibald – aufstehen!", ruft er.

„‚Morgenstund ist ungesund', sagt Omi immer – lass mich schlafen", brummelt es von oben.

„Winibald! Komm schnell, ich habe Post gekriegt", ruft Lino Löwe ungeduldig.

„Was? Du hast den Rost besiegt?", fragt der Waschbär verschlafen. Er hat sich vor dem Schlafengehen Ohrenschützer aufgesetzt, damit ihn die Meisen nicht so früh wecken.

Damit kann er natürlich nicht gut hören.

„Quatsch! Ich habe ein Paket bekommen!", sagt Lino.

„Du bist benommen?"

„Nein, der Briefträger hat ein Päckchen gebracht!", sagt der Löwe ganz laut und deutlich.

„Wie? Der Siebenschläfer hat ins Deckchen gemacht?"

„Nein! Hast du was an den Ohren?", ruft Lino.

„Du willst bohren?", fragt Winibald. „Was redest du für ein dummes Zeug?"

„KOMM SCHNELL RUNTER!", brüllt der Löwe.

„ICH BIN JA SCHON MUNTER!", brüllt Winibald zurück. Dann erinnert er sich an die Ohrenschützer und nimmt sie ab. „Was ist denn los?"

„EIN PAKET!", brüllt Lino.

„Schrei nicht so! Ich bin doch nicht schwerhörig", sagt Winibald Waschbär und kommt auf seinem Schnell-rutsch-Kissen die Treppe herunter.

„Zeig mal her. Ein echtes Paket! Mach schnell auf!", ruft der Waschbär und holt eine Schere.

Lino Löwe schneidet die Paketschnur auf und wickelt das Papier ab. Vorsichtig öffnet er den Deckel der Pappschachtel, die zum Vorschein kommt. In der Schachtel befindet sich eine kleinere Schachtel. Sie ist wunderhübsch, bunt und glänzend. Und sie duftet süß und verlockend. Der Löwe öffnet auch die kleine Schachtel. Darinnen liegen lauter bunte Bonbons! Und ein kleiner Brief.

„Mein lieber Neffe Lino!", liest Lino Löwe laut vor. *„Leider kann ich in diesem Jahr nicht zu Deiner Geburtstagsfeier kommen, daher schicke ich Dein Geschenk mit der Post. Ich hoffe, es kommt noch rechtzeitig zu Deinem Geburtstag an. Es sind die weltbesten Bonbons, man bekommt sie nur hier. Lass sie Dir schmecken!*

Es grüßt Dich sehr herzlich
Dein alter Patenonkel Samuel Löwe "

Linos Geburtstag ist schon eine Woche her, aber Lino freut sich. Wie lieb von Onkel Samuel, dass er an Linos Geburtstag gedacht hat.

Gleich probiert er einen der herrlich duftenden Bonbons. Einen roten.

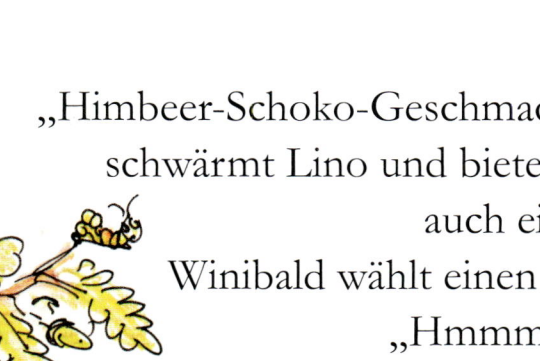

„Himbeer-Schoko-Geschmack! Himmlisch!",
schwärmt Lino und bietet seinem Freund
auch einen Bonbon an.
Winibald wählt einen gelben Bonbon.
„Hmmmmm – das ist …
Honig-Vanille-Aroma. Fantastisch!
Die Bonbons sind wirklich Weltklasse!", sagt er
und nimmt noch einen, diesmal einen grünen.

„Wie gut, dass das Paket zu spät gekommen ist", freut sich der
Waschbär.

„Wieso?", fragt Lino erstaunt.

„Wenn es pünktlich gekommen wäre, hättest du allen Geburts-
tagsgästen deine Bonbons anbieten müssen", sagt Winibald und
grinst zufrieden. „So haben wir die weltbesten Bonbons für uns
ganz allein!"

„Was habt ihr für euch allein?", piepst es aus der alten Eiche.

Die Meisen, natürlich! Sie bekommen alles mit.

„Oh, äh – Grünkohleintopf", sagt der Waschbär schnell. Er
weiß genau, dass die Meisen keinen Grünkohl mögen.

„Grünkohl? Igitt!", piepsen die beiden und flattern davon.
Aber nicht sehr weit, denn sie glauben dem Waschbären nicht.
Wilbur Meise hat beobachtet, wie der Briefträger mit dem Paket
ins Haus gegangen ist. Und dass er ohne Paket wieder heraus-
gekommen ist, hat er auch gesehen.

Dummerweise sind sie sehr geschwätzig, diese Meisen.

Während Wilbur Meise in den Ästen herumturnt und das
Häuschen beobachtet, flattert Orville Meise los und erzählt

25

jedem, den er trifft, von dem geheimnisvollen Paket, das der Briefträger heute früh gebracht hat.

Weil Donnerstag ist, will Lino Löwe zur Waldlichtung gehen. Bei schönem Wetter treffen sich die Tiere donnerstags immer zum Ballspielen.

„Willst du mitkommen?", fragt Lino den Waschbären.

„Ich bleibe hier und werde auf die Bonbons aufpassen", erklärt Winibald.

„Gut. Aber nicht naschen! Du weißt ja, das ist mein Geschenk!", sagt Lino und verschwindet zwischen den Büschen.

Winibald Waschbär sitzt mit der Bonbonschachtel vor der Tür. Die Bonbons funkeln in der Sonne. Und sie riechen auch köstlich! Da kann ein Waschbär nicht widerstehen! Winibald nimmt einen Bonbon, wickelt ihn aus und steckt ihn in den Mund. Er möchte nur ein bisschen an dem Bonnbon lutschen. Er schmeckt himmlisch nach Schokolade und Karamell. Ups – jetzt hat Winibald den Bonbon aufgegessen! Und dann nimmt er noch einen Blauen mit

Heidelbeer-Brombeer-Geschmack … wie wohl die Orange-
farbenen schmecken?

Die Meisenbrüder sitzen in der Eiche. „Aha!", piepst Orville.
„Von wegen Grünkohl! In dem Paket waren Bonbons. Und ich
wette, der Waschbär gibt uns keinen ab."

„Ich hab da eine Idee!", zwitschert Wilbur Meise. „Der Waschbär hat doch Angst vor Gespenstern!" Sie flüstern und kichern
im Geäst, dann fliegen sie zur Wäscheleine, wo Lino Löwes
Taschentücher zum Trocknen hängen …

Winibald Waschbär überlegt gerade, ob Lino merken wird,
dass die Schachtel nicht mehr ganz so voll ist.

Da heult es plötzlich in der Luft. „Huuuiiii, huuuuiii!", schreien zwei hohe, piepsige Stimmen und zwei Gespenster schweben von der alten Eiche herüber.

Das eine ist rot kariert, das andere ist blau geblümt.

„Hilfe! Gespenster!", schreit Winibald Waschbär erschrocken und läuft ins Haus. Die Bonbonschachtel hat er vor Schreck stehen lassen.

Der Waschbär verkriecht sich unter Löwes Bettdecke. Die hat auch mal besser gerochen! Waschbär rümpft die Nase. Hat Löwe etwa vergessen, sie zu waschen? Doch das ist jetzt nicht so wichtig! Gespenster! Am helllichten Tag!

Wie bitte? Kann das denn sein?

Winibald krabbelt aus dem Bett. Wenn er genau darüber nachdenkt, haben die Stimmen auch nicht sehr gespenstisch geklungen. Eher wie Meisenstimmen … und die Gespensterumhänge sahen aus wie Lino Löwes Taschentücher!

„Ha!", schreit Winibald Waschbär und springt zur Tür.

Er sieht gerade noch, wie die Meisen kichernd mit zwei Bonbons davonflattern.

Der Waschbär nimmt sich vor, ab jetzt noch besser auf die Bonbons aufzupassen.

Da kommt der Biber angerannt. Er lispelt ein wenig.

„F-nell, verfteck dich! Der Jäger kommt. Er will feiner Frau einen Wafbärpelfmantel zum Geburtftag fenken!", ruft er.

Wieder springt Winibald ins Haus und versteckt sich in Linos Bett. Waschbärpelzmantel? Das klingt grauenvoll!

Er klappert vor Schreck so laut mit den Zähnen, dass es sich anhört wie eine ausgewachsene Klapperschlange. Puuh – die Decke stinkt vielleicht!

„Reingefallen!", hört er den Biber draußen lachen. „Kein Grünrock weit und breit. Befte Grüfe an den Löwen und danke für die Bonbonf. Köftlich!"

Dieser Biber! Stinkwütend stürmt der Waschbär aus dem Haus. Aber der Biber ist schlauerweise schnell verschwunden. Leider hat er eine ganze Handvoll Bonbons mitgenommen, dieser Schuft!

Verzweifelt schaut Winibald Waschbär in die Schachtel. Der Boden ist gerade noch mit Bonbons bedeckt. Plötzlich raschelt es in den Büschen. Ob sich jemand anschleichen und Bonbons klauen will?

„Oink!", macht es im Gebüsch. Der Waschbär ist mucksmäuschenstill und lauscht. „Oink, Oink!", macht es wieder. Winibald Waschbär ist sich jetzt sicher, was das ist: Da grunzt jemand. „Komm raus, Wilma!", ruft der Waschbär. Wilma Wildschwein kommt ganz kleinlaut hinter einem Busch hervor. „Ich wollte nur einen ganz kleinen von diesen Bonbons probieren. Wie hast du mich nur erkannt?", fragt sie.

„So grunzt nur eine!", sagt der Waschbär. Wilma Wildschwein quiekt verärgert: „Na, dann schönen Tag noch!", und verschwindet im Wald.

„Ha, die habe ich durchschaut!", freut sich Winibald Waschbär und schaut dem Wildschwein nach.

Doch als er sich wieder umdreht, sieht er gerade noch, wie Enno Eichhorn sein jüngstes Kind am Schwanz von einem Ast herunterlässt. Das kleine Eichhörnchen hängt über dem Tisch und wirft seiner Familie Bonbons zu.

„He!", schreit der Waschbär.

„Tschüss, Waschbär, wir sind in Eile!", ruft Enno. Rasch zieht er sein Kind nach oben. Und schon sausen die Eichhörnchen über das Dach davon. Natürlich mit ein paar von Löwes Bonbons in den Pfoten.

„Mist! Schon wieder ein paar Verluste!", stellt Waschbär fest. „Das wird dem Löwen gar nicht gefallen!"

Gleich darauf kommt der Fuchs um die Ecke geschlendert. „Einen wunderschönen Tag, mein lieber Waschbär! Mir ist zu Ohren gekommen, dass du die weltbesten Bonbons wirklich verantwortungsvoll bewachst. Kann man wohl einen davon probieren?"

„Man kann nicht!", sagt der Waschbär patzig. „Heute wollen alle wirklich nur das eine! Wie du siehst, sind nur noch zwei da! Löwe wird furchtbar wütend werden, wenn er das sieht!"

„Ach, das ist schade! Dabei ließen sich diese Bonbons so leicht vermehren, wenn man nur weiß, wie", sagt der Fuchs freundlich. „Also dann, ich muss weiter!"

„Halt!", ruft der Waschbär. „Man kann Bonbons vermehren? Wie geht das?"

„Ich muss los. Ich erzähl's dir ein anderes Mal", sagt der Fuchs. Aber der Waschbär hält ihn am Schwanz fest.

„Bitte, Fuchs! Du könntest mir einen riesigen Gefallen tun", bettelt der Waschbär.

„Also gut. Es ist ganz einfach. Man kann Bonbons einpflanzen, so wie Pflaumen. Es wachsen Bäume aus ihnen, die dann Bonbons tragen. Wie Pflaumenbäume und Kirschbäume. Oder was dachtest du, wo die Bonbons herkommen?", sagt der Fuchs.

Der Waschbär hat sich noch nie gefragt, wo die Bonbons herkommen. Aber was der Fuchs sagt, klingt logisch. Und der Fuchs ist schließlich einer, der von vielen Dingen etwas versteht.

„Schön. Aber was ist, wenn der Löwe kommt und alle Bonbons sind weg?", will der Waschbär wissen.

„Mach dir keine Sorgen. Bonbonbäume sind nicht wie andere Bäume. Sie wachsen sehr schnell. Und hauptsächlich in Afrika. Deshalb kennt man sie hierzulande kaum. Schon morgen könnten zwei Bäumchen in eurem Garten stehen, die herrlich blühen. Und übermorgen erntet ihr die ersten kleinen Bonbons. Der Löwe wird dir nicht mehr böse sein, weil du nicht gut aufgepasst hast. Bonbonbäume tragen das ganze Jahr über, wusstest du das? Und in der Weihnachtszeit könnt ihr Schokokugeln und Zimtsterne pflücken", schwärmt der Fuchs.

„Hört sich toll an", grübelt der Waschbär. „Aber – warum pflanzen dann nicht alle Leute Bonbonbäume?"

„Tja", er Fuchs lächelt überlegen. „Man braucht einen Spezialdünger. Zufällig habe ich ein Tütchen dabei. Ich würde es dir schenken."

„Du bist ein echter Freund!", ruft der Waschbär. „Sobald der Löwe heimkommt, pflanzen wir die Bonbons."

„Nein, nein!", sagt der Fuchs. „Du musst sofort pflanzen!"

„Warum?", fragt der Waschbär.

„Weil – ja weil … ", der Fuchs blickt zum Himmel, „weil der Sonnenstand gerade günstig ist. So ungefähr wie in Afrika. Los, Beeilung!"

Inzwischen hat Lino Löwe auf der Waldlichtung ein wenig gekickt. Nach einer Weile wird ihm langweilig. Keiner der Freunde ist da. Sonst treffen sich donnerstags immer alle auf der Lichtung: Wilma Wildschwein, Enno Eichhorn mit seinen drei Kindern, die Meisen, der Fuchs. Ja, selbst der Biber war nicht da. Der Löwe packt seinen Ball ein und wandert pfeifend durch den Wald. Jetzt ist er hungrig. Vielleicht hat ja der Waschbär etwas Leckeres gekocht. Und zum Nachtisch werden sie die weltbesten Bonbons essen! Lino Löwe freut sich schon.

Doch als Lino zum Häuschen kommt, sieht er sofort die leere Bonbonschachtel und ruft: „Winibald! Wo sind meine Bonbons?"

Der Waschbär kommt eilig aus dem Haus. „Ähm – wie soll ich sagen, Lino … Es gibt eine gute und eine schlechte Nachricht. Die gute ist, das wir ab morgen täglich ganz viele Bonbons frisch vom Bonbonbaum ernten können."

„Und die schlechte?", will Lino Löwe wissen.

Der Waschbär erzählt, wie die Bonbons verschwunden sind. Und warum er die letzten beiden eingepflanzt hat.

Da brüllt der Löwe los, dass sich die Blumen biegen.

Winibald hält sich erschrocken die Ohren zu.

„Uaaahhhrrrr! Uuuuaaaaaarrrrrr, du dummer, dummer Waschbär! Bonbonbäume gibt es doch nicht! Der Fuchs hat dich verkohlt!", brüllt er. „Bestimmt hat der Fuchs die letzten Bonbons schon ausgegraben und verputzt!"

„Ach, deshalb hat er gesagt, ich soll ein Stöckchen in die Erde stecken, wo die Bonbons liegen", sagt Winibald Waschbär und schlägt sich mit der Pfote an die Stirn. „Und es kam mir gleich so komisch vor, dass auf dem Spezialdünger-Tütchen ‚Feinster Rohrzucker' stand."

Natürlich sehen Lino Löwe und Wini Waschbär gleich im Garten nach. Und natürlich sind die Bonbons fort. Der schlaue Fuchs hat sie gemopst, sobald der Waschbär im Häuschen war.

„Dieser Fuchs! Der kann was erleben, wenn er sich überhaupt noch hierher traut!", brüllt der Löwe.

Es dauert gar nicht lange, bis der Fuchs vorbeikommt. Schon am selben Nachmittag – Lino Löwe und Wini Waschbär sitzen gerade vor ihrer Tür und spielen „Löwe-ärgere-dich-nicht" – da schlendert der Fuchs vorbei. So als wenn gar nichts passiert wäre. Er hält ein riesengroßes Eis in der Pfote, an dem er genüsslich schleckt.

Da hat der Löwe eine Idee.

„Grüß dich, Fuchs", sagt er freundlich. „Du hast den Winibald aber ganz schön hereingelegt. Jeder weiß doch, dass es keine Bonbonbäume gibt. Während Eisblumen ja sehr bekannt sind!"

Der Fuchs lacht. „Guter Scherz, Löwe. Eisblumen! Das muss ich mir merken."

„Kein Scherz, Fuchs. Eisblumen stehen sogar im Lexikon", sagt Lino. Er holt das dicke Buch und schlägt die Seite mit „E" auf.

„Sieh selbst, hier steht es schwarz auf weiß: Eisblume."

Der Fuchs staunt. Da steht es wirklich: Eisblume.

Ehe er weiterlesen kann, klappt der Löwe das Buch wieder zu.

„Eisblumen sind auf Madagaskar die beliebtesten Blumen. Sie tragen Eiskugeln in den köstlichsten Geschmacksrichtungen", erklärt der Löwe. „Man muss sie sehr schnell pflanzen, bevor das Eis zu warm wird."

Der Fuchs denkt nach. Er liebt Eiscreme. Und „Eisblume" stand ja wirklich im Lexikon.

„Mach schnell!", drängt Lino Löwe. „Wir pflanzen es gleich hier in die Spezialerde!"

Der Fuchs reicht zögernd sein schönes Eis. Der Löwe steckt das Hörnchen mit der Spitze in die Erde.

Der Fuchs macht es sich in Löwes Schaukelsessel gemütlich. Er will sein Eis auf jeden Fall im Auge behalten, denn der Fuchs ist schlau. Es kommt gar nicht infrage, dass er sich hereinlegen lässt!

„Hole mal Himbeersirup, zum Gießen", sagt Lino.

„Gibt das dann Himbeereis?", will der Fuchs wissen.

„Ja, genau. Wenn du auch Schokosoße hast, kannst du zwei Sorten ernten", erklärt der Löwe.

„Wow!", jubelt der Fuchs. „Meine Lieblingssorten! Ich eile …", und schon ist er wie ein roter Blitz zwischen den Büschen verschwunden.

Lino Löwe und Winibald Waschbär holen sich schnell zwei Schüsselchen und teilen sich das Eis.

Als der Fuchs ganz außer Atem mit den Soßen zurückkommt (er war mal kurz in der Küche von Frau Runkelrüb und wäre beinahe erwischt worden), steckt nur noch ein leeres, aufgeweichtes Eishörnchen in der Erde.

„Was!", schreit der Fuchs wütend. „Was ist mit meinem Eis passiert?"

Der Löwe grinst. „Ich glaube, die Erde ist hier nicht gut für Bonbonbäume. Und für Eisblumen wohl auch nicht!"

Tja, Fuchs. Da bist du nun selbst hereingelegt worden! Ärgerlich schleicht der Fuchs davon. Er will sich ein neues Eis besorgen. Und dann will er im Lexikon nachschauen, was unter „Eisblume" steht!

„Wer andern eine Grube gräbt, ist selbst ein Schwein oder so ähnlich", sagt Winibald kichernd.

Lino Löwe und Winibald Waschbär haben noch lange über den gelungenen Streich gelacht.

Wini und Lino gehen angeln

Lino Löwe und Winibald Waschbär sind die besten Freunde. Sie wohnen zusammen in dem kleinen Haus im Wiesengrund. Winibald Waschbär ist klein und schlau. Er wohnt oben im Haus. Lino Löwe ist groß wie ein Schrank. Weil er ein Löwe ist, fürchtet er sich vor fast nichts auf der Welt. Er hat nur ein bisschen Höhenangst – deshalb wohnt er lieber unten. Und wenn ich genau nachdenke, fallen mir ein oder zwei Dinge ein, vor denen Lino sich auch noch fürchtet. Doch das hört Lino nicht so gern.

Heute weiß der Löwe nicht, was er kochen soll. Der Kühlschrank ist fast leer.

Auch im Garten sieht es nicht gut aus: Die Erdbeeren sind abgeerntet, die Bohnen noch nicht reif und der Salat wurde geklaut …

Da kommt der Fuchs vorbeigeschlendert. „Hallo, Lino! Was gibt es denn heute bei euch zu essen?"

„Noch nichts", sagt Lino und blättert im Kochbuch. „Pfannkuchen hatten wir gestern. Vorgestern gab es Milchreis …"

„Also ich esse gerne Fisch", sagt der Fuchs. „So ein leckerer, frisch gefangener Fisch ist einfach köstlich!"

„Hm", sagt Lino. „Wir haben keinen Fisch."

„Oh, kein Problem", meint der Fuchs. „Im Waldsee gibt es Hunderte. Man muss sie nur fangen."

Winibald Waschbär taucht mit gespitzten Ohren hinter dem Fuchs auf. „Fische fangen? Das hört sich spaßig an. Ist das schwer?"

„Nein", versichert der Fuchs. „Ich besorge euch alles, was ihr zum Fischfang braucht, und zeige euch, wie es geht."

„Au fein, das ist so nett von dir, Fuchs!", freut sich Winibald.

Sie verabreden sich am Waldsee. Der Fuchs wartet schon.

„Hier habt ihr alles, was ihr braucht. Es war nicht leicht, diese Sachen für euch zu besorgen", sagt der Fuchs. „In einer Stunde komme ich und hole mir fünf Fische bei euch ab."

„Fünf Fische?", fragt Lino.

„Ja, als kleine Bezahlung für die Ausrüstung", sagt der Fuchs. „Bleibst du denn gar nicht hier?", will Winibald wissen.

„Ich würde zu gerne mit euch fischen, Freunde", erklärt der Fuchs. „Aber ausgerechnet heute habe ich einige unaufschiebbare Termine. Schade, schade!"

Und ehe die Freunde etwas sagen können, ist der Fuchs im trockenen Schilf verschwunden.

Lino schüttet den Eimer aus, den ihm der Fuchs in die Hand gedrückt hat. Ein Knäuel fällt heraus.

„Was ist das?", fragt er.

„Sieht aus wie eine Hängematte", sagt Winibald. „Sicher, damit wir es bequemer haben, während wir auf die Fische warten."

Lino nickt. „Und wie fangen wir die Fische?"

„Gute Frage", sagt Winibald und überlegt. Dann hat er auch schon eine Idee …

„Wir legen den Eimer ins Wasser und warten, bis ein Fisch hineinschwimmt. Dann ziehen wir blitzschnell den Eimer hoch und schon haben wir ihn!"

Das hört sich gut an, findet Lino.

Sie entwirren das Knäuel und hängen es zwischen zwei Bäume.

„Bist du sicher, dass es eine Hängematte ist?", fragt Lino. „Die Fäden sehen ein bisschen dünn aus!"

Aber Winibald klettert schon hinein und schaukelt. „Sehr gemütlich", sagt er zufrieden. „Komm doch auch!"

Das lässt sich Lino nicht zweimal sagen. „Gemütlich" ist ein Wort, das er sehr gerne hört!

„Plums!" macht es, als sich Lino in die „Hängematte" fallen lässt. Und dann „Krrrratsch!". Die Hängematte ist zerrissen und die Freunde sitzen auf dem Boden.

„Au!", ruft Lino, der auf seinem Po gelandet ist. Winibald hat mehr Glück: Er ist auf Linos weichen Bauch gefallen.

„He – warum habt ihr mein gutes Fischernetz zerrissen?", schimpft der Fuchs, der unverhofft hinter den Holunderbüschen auftaucht.

„Wir dachten, es sei eine Hängematte!", sagt Lino und reibt sich sein Hinterteil.

„Ts, ts, ts!", macht der Fuchs und schüttelt den Kopf. „Ihr hättet das Netz ins Wasser werfen müssen, um Fische zu fangen. Aber ich habe zufällig eine Angel dabei und Brotstückchen. Ihr braucht nur die Angel auszuwerfen", erklärt der Fuchs. „In einer Stunde komme ich, um meine sechs Fische zu holen."

„Sechs Fische?", fragt Lino. „Eben hast du noch fünf gesagt."

„Nun, mit einer Angel fängt man mehr. Und mit meinen wertvollen Angler-Tipps", sagt der Fuchs.

„Bleibst du nicht bei uns?", will Winibald wissen.

Der Fuchs schüttelt betrübt den Kopf: „Glaubt mir, Freunde. Es wäre mir ein Vergnügen, mit euch zu angeln. Aber ihr wisst ja, meine überaus wichtigen Termine lassen mir keine Zeit! Schade, zu schade!"

Winibald wirft die Angel ins Wasser. Platsch! Weg ist sie.

Lino und Winibald setzen sich auf zwei große Steine am Ufer, knabbern die Brotstückchen und warten. „Nett vom Fuchs, dass er uns eine Kleinigkeit zu essen gebracht hat", sagt Lino. „Aber für einen Löwen ist das etwas wenig!"

Langsam werden sie hungrig und ungeduldig. Lino schlägt nach den Mücken, die hier sehr lästig sind.

„Woher wissen wir, ob schon Fische angebissen haben?", fragt Winibald nach einer Weile.

„Das hat der Fuchs nicht gesagt", meint Lino. „Er hat auch vergessen zu erwähnen, wie wir die Angel wieder rauskriegen."

Sie warten noch ein Weilchen. Nichts passiert, nur die Mücken schwirren in dichten Schwärmen um die beiden Freunde herum.

„Also ich finde Angeln langweilig", sagt Winibald. „Wir hätten uns Butterbrote machen sollen."

Plötzlich plätschert es im Schilf. Es ist der Fuchs, der ein Ruderboot an einem Seil hinter sich herzieht.

„Hallo, ihr zwei, ich wollte meine Fische abholen", ruft er. „Wo ist denn die Angel?"

„Die Angel haben wir ins Wasser geworfen", erklärt der Waschbär.

Der Fuchs fängt an zu lachen. „Ins Wasser geworfen? Hahaha, hihihi, hohoho, ihr seid lustig!" Er lacht so sehr, dass Winibald wütend wird.

„Das hast du selbst so gesagt!", faucht Winibald.

„Die Angelrute hättest du natürlich festhalten müssen", erklärt der Fuchs. Dann sagt der Fuchs, dass sie das Brot auf die Angel stecken sollen, um die Fische anzulocken. Der Fuchs erklärt, dass in dem Boot zufällig noch eine Angel ist. Vom Boot aus kann man sowieso viel mehr Fische fangen, meint er. Und es macht noch viel mehr Spaß!

Er drückt dem Löwen die Ruder in die Pfoten und erklärt, dass er leider nicht mitmachen kann, weil er noch einige wichtige – ach was! – ungeheuer wichtige Termine hat.

„Und du hältst schön die Angelrute fest, Winibald, hihi!", ruft der Fuchs und verschwindet kichernd im Schilf.

Winibald wirft die Angelschnur aus und hält die Rute gut fest. Leider haben die Freunde das Köderbrot ja schon aufgefuttert. Wieder sitzen sie da und warten. Das Boot schaukelt sacht im grünlichen Wasser, leise klatschen kleine Wellen gegen die Planken. Mückenschwärme umkreisen sie und piksen. Winibald langweilt sich unendlich.

„Du, Lino? Wie sollen wir denn merken, wenn ein Fisch anbeißt?", fragt er.

„Keine Ahnung. Vielleicht musst du gucken, ob einer am Haken hängt", meint Lino.

Winibald schaut auf die Schnur, die im Wasser verschwindet. Den Haken sieht er nicht. Er lehnt sich über die Bordwand, um besser sehen zu können.

„He – das Boot kippt gleich um!", ruft Lino erschrocken.

„Wie soll ich denn sonst die Fische sehen?", fragt der Waschbär. Da fällt sein Blick auf eine kleine Werkzeugkiste, die im Bug steht. Und der Waschbär hat eine Idee … Er nimmt eine kleine Säge aus der Kiste und sägt ein rundes Loch in den Bootsboden.

„Gleich können wir die Fische sehen", freut er sich.

Und das können sie auch, nur nicht so, wie Winibald denkt!

„Gluck, gluck, gluck" macht es, als das Wasser wie ein Springbrunnen durch das Loch schießt.

„Schnell, mach das blöde Loch wieder zu!", brüllt der Löwe erschrocken und zieht seine Pfoten auf die Sitzbank. Der Löwe fürchtet sich vor fast nichts auf der Welt, aber vor nassen Füßen eben doch. Schließlich ist er eine Katze. Wenn auch eine Großkatze.

Winibald presst eilig das ausgesägte Stück Planke wieder in den Boden den Bootes. „Uff – gerettet!", seufzt er. Natürlich ist er jetzt patschnass. Das Wasser steht knöcheltief im Boot. Und darin schwimmen zwei Fische, ein großer und ein kleiner.

Winibald jubelt: „Hurra, wir haben zwei Fische gefangen, yippie! Der große Fisch ist meiner!"

Lino Löwe rudert rasch ans Ufer, denn Lino fürchtet sich vor fast nichts – außer vor nassen Füßen!

„Der kleine Fisch ist ja noch ein Baby", sagt Lino mitleidig, als sie ihren Fang betrachten. „Den mag ich nicht essen!"

Vorsichtig schöpft er den kleinen Fisch aus dem Boot und setzt ihn in den See. „Schwimm zu deiner Mama, Kleiner", sagt er freundlich.

Winibald schaut sich seinen Fisch näher an. Er schillert silbrig und hat lauter bunte Punkte auf dem Rücken. „Wenn das nun die Mama von dem kleinen Fisch ist?", fragt er erschrocken. „Wir können dem Kleinen doch nicht die Mutter wegnehmen!"

Lino nickt. „Das geht einfach nicht!"

„Hallo, Freunde! Ihr wart erfolgreich – dank meiner guten Tipps, natürlich", ruft da der Fuchs, der urplötzlich hinter den beiden auftaucht.

Lino wundert sich. Wo der Fuchs immer so schnell herkommt?

„Tja, dann gebt ihn mal her, diesen wunderbaren, fetten Fisch! Ich habe schon großen Appetit", fährt der Fuchs fort und hält Winibald einen Korb hin. „Nur immer rein mit dem leckeren Mittagessen."

Winibald klettert aus dem Boot und nimmt den Fisch vorsichtig heraus. Er streckt die Pfote mit dem Fisch aus und – schwups! Da springt der Fisch ins Wasser und schwimmt davon!

„Meine Güte, bist du ungeschickt!", schimpft der Fuchs. „Jetzt müsst ihr noch mal rausfahren und angeln."

„Das werden wir ganz bestimmt nicht tun", sagt Lino. „Angeln macht uns überhaupt keinen Spaß. Wir gehen jetzt nach Hause und schmieren uns Marmeladenbrote!"

„Aber – aber – ich habe doch extra das Boot und die Angel geklau – äh – besorgt", schimpft der Fuchs verärgert.

„Dein Pech", sagt Winibald. „Tschüss, Fuchs! Viel Spaß beim Selberangeln."

Lachend wandern die beiden Freunde durch den Sommerwald nach Hause. Das Sonnenlicht schimmert goldgrün durch die Buchenblätter. Rechts und links vom Weg gibt es schon die ersten reifen Waldhimbeeren, die so köstlich schmecken wie sonst nichts auf der Welt. „Du, Wini – ist dir der große Fisch wirklich aus der Hand gehüpft?", fragt Lino.

„Nö!", sagt Winibald. „Ich habe ihn losgelassen. Wir können doch nicht zulassen, dass so ein kleiner Fisch keine Mama mehr hat, nicht wahr?"

Dann lachen sie noch ein wenig über den Fuchs, der heute kein Mittagessen bekommt. Und dann lachen sie einfach so, weil sie so glücklich sind. Und weil sie die Fische gerettet haben. Weil Sommer ist, weil die Sonne scheint, weil Löwes Füße endlich wieder trocken sind, weil die Himbeeren reif sind und weil sie Freunde sind!

ENDE

JULIA VOLMERT

wurde 1965 in Warburg geboren. Sie studierte
unter anderem Visuelle Kommunikation und hat
schon viele Bücher für Kinder geschrieben,
von denen einige auch in andere Sprachen
übersetzt wurden.

Lino und Wini haben eine eigene Internetseite:
www.lino-und-wini.de
Dort erfährst du mehr über Lino Löwe und
Winibald Waschbär und ihre Bücher.

Haben dir diese Geschichten gefallen? Willst du mehr
über Lino und Wini wissen? Weitere sechs Geschichten
über die beiden Freunde findest du in dem Buch
„Beste Freunde durch dick und dünn".
Hier erfährst du unter anderem, wie Lino auf einem
Baum festsitzt, wie ein Waschbärentag aussieht
und was Winibald alles anstellt, damit Lino
endlich einschlafen kann!

Beste Freunde, die zusammen durch dick und dünn gehen, das sind Lino Löwe und Winibald
Waschbär. Die beiden wohnen zusammen in einem Häuschen in den Wiesen. Dabei könnten sie
unterschiedlicher kaum sein: Der große Löwe ist freundlich und ein wenig ängstlich, der kleine
Waschbär dagegen steckt voller Einfälle und Ideen. Doch seine Ideen führen fast immer
zu Verwicklungen, sodass sich der Waschbär eine Menge Ärger einhandelt – sogar
mit dem großen Braunbären!
Sicher werden nicht nur Kinder Tränen lachen, wenn der schlaue Waschbär die Einschlaftipps
seiner Omi in die Tat umsetzt. Dem armen Löwen bleibt nichts erspart! Er trifft sein
persönliches Sandmännchen, eine Schafherde wird durch sein Zimmer getrieben,
mit der heißen Honigmilch kommen auch ein paar Bienchen ins Zimmer,
die Gutenachtgeschichte ist auch anders, als es sich der Löwe vorstellt.
Wenn die Freunde Geburtstag feiern, wird natürlich gebacken. Aber alle Tiere, die mitbacken,
wollen auch probieren. So bleibt für das Geburtstagskind nichts übrig. Zum Glück haben
die Freunde eine Idee und die Feier wird schließlich unvergesslich! Weil nach dem Backen Chaos
herrscht, muss aufgeräumt werden. Aber ob es so eine gute Idee ist, ausgerechnet den Waschbären
damit zu beauftragen? Da ist klar, dass ganz viel Wasser im Spiel ist!
Ob es gilt, den Löwen vom Kirschbaum zu retten, Gedichte zu machen oder sich heimlich
auf die Bärenparty zu schleichen – der Waschbär Winibald hat immer die unglaublichsten Ideen!

ISBN 978-3-86559-076-3

Weitere Bücher mit Geschichten von
Julia Volmert:

„HALB SO SCHWER, SAGT DER BÄR"
Bärige Tipps, wie man richtig übt.
Julia Volmert (Text)
Susanne Szesny (Illustration)
ab 3, 28 Seiten, 22,2 x 28,5 cm
Originalausgabe
ISBN: 978-3-86559-067-1

DER KLEINE RÄUBER
... will, dass alles wieder gut ist!
Julia Volmert (Text)
Susanne Szesny (Illustration)
ab 3, 32 Seiten, 22,2 x 28,5 cm
Originalausgabe
ISBN: 978-3-86559-073-2

„BERT, DER GEMÜSEKOBOLD"
oder Warum man gesunde
Sachen essen soll
Julia Volmert (Text)
Susanne Szesny (Illustration)
Mit Kinder-Kraftstoff-
Anzeiger als Kopiervorlage!
Originalausgabe
ISBN 978-3-930299-76-8

Jonas will mit dem Laufrad fahren und fällt hin. Wütend wirft er das Rad weg und ist enttäuscht. Doch sein Vater hat eine gute Idee: Er gibt Jonas seinen „Hilfe-Bären". Der alte Teddybär hilft Jonas, neuen Mut zu fassen. Und mit etwas Übung gelingt die nächste Fahrt schon besser! Klar, dass Jonas den Bären nun überall hin mitnimmt: in die Schwimmgruppe, zur Musikschule, zum Basteln und in den Kindergarten ...

Dieses Buch enthält Tipps, die helfen, kinderleicht zu lernen und nicht aufzugeben, wenn etwas einmal nicht auf Anhieb klappt. Denn zu wissen, wie man richtig lernt und übt, legt das Fundament für spätere Lernerfolge.
So haben Kinder Erfolgserlebnisse und Freude am Ausprobieren und Neugierigsein!

Kleine Räuber wollen immer bestimmen! So auch Max, der gleich Räuberhauptmann sein möchte. Doch die anderen können gar nicht verstehen, dass Max immer bestimmen muss.
Deswegen hat Max bald Streit mit seiner Schwester, seinem Freund und sogar mit Frau Lieblich aus dem Kindergarten.
Das jedoch gefällt Max auch nicht! Was soll er nur tun, damit sich seine Freunde mit ihm vertragen?
Zum Glück hat Max eine famose Idee und seine Mama hilft ihm ...
Und Max sieht ein, dass auch kleine Räuber nicht immer bestimmen müssen!

Thema: Trotzen, Bestimmen, Vertragen.
Kinder müssen lernen, dass es nicht immer nach ihrem Willen geht und wie schön es ist, wenn man sich wieder verträgt.

Jonas und Lena meckern übers Essen. Schon wieder hat ihre Mutter „etwas Gesundes" gekocht. Warum können sie nicht jeden Tag Pommes und Hamburger essen wie ihr Freund Max aus dem Kindergarten? Doch plötzlich taucht Bert, der kleine Gemüsekobold, auf. Der kann genau erklären, warum gesundes Essen so wichtig ist, was im Bauch passiert, warum Essen Kraft gibt, und schenkt den Kindern zuletzt noch einen „Kinder-Kraftstoff-Anzeiger", mit dem die Kinder jeden Tag überprüfen können, wie viel Gesundes sie schon gegessen haben. So bekommen die Kinder spielerisch ein Gefühl für bewusste Ernährung und werden zudem noch angespornt, Gesundes zu essen.

Alle unsere Bücher finden Sie unter:
www.albarello.de

Weitere Bücher mit Geschichten von
Julia Volmert:

„EIN RUCKSACK VOLLER GLÜCK"
Ein Bilderbuch zum Thema:
Glücklich sein
Julia Volmert (Text)
Elke Broska (Illustration)
ab 3, 32 Seiten, Fester Einband
22,5 x 28,5 cm,
Mit 5 Glückspostkarten (DIN A6)
ISBN: 978-3-86559-082-4

Der Bilderbuch-Sammelband
„VON KLEINEN RÄUBERN, DRACHEN
UND UNGESCHICKTEN RITTERN"
Drei Bücher in einem Band!
Christine Jüngling und Julia Volmert (Text),
Pia Eisenbarth, Jann Wienekamp und
Susanne Szesny (Illu.)
ab 3 Jahre, 80 Seiten, fester Einband,
22,5 x 28,5 cm
ISBN: 978-3-86559-081-7

Der Bilderbuch-Sammelband
„VOM STREITEN, QUENGELN UND
VERTRAGEN"
Vier Bilderbuch-Hits in einem Band!
Christine Jüngling, Bärbel Spathelf,
Julia Volmert (Text), Susanne Szesny (Illu.)
ab 3 Jahre, 112 Seiten, fester Einband,
22,5 x 28,5 cm
ISBN: 978-3-86559-066-4

Heute ist mal wieder so ein Tag, an dem Mia und Flo alles blöd finden. Deshalb sind die Kinder heute richtig schlecht gelaunt und maulen herum. Da erzählt ihnen ihre Mutter von der Sache mit dem Glücksrucksack: „Stellt euch vor, dass jeder Mensch – vom Baby bis zum Opa – einen unsichtbaren Rucksack mit sich herumträgt. Darin sind gute und auch schlechte Gefühle. Wenn dein Rucksack voller glücklicher Gefühle und guter Gedanken ist, fühlst du dich, als ob du Flügel hättest. Alles fällt dir leicht, es geht dir gut."
Flo nickt: „Und wenn du schlechte Gedanken und Gefühle hast?"
„Dann fühlst du dich so schwer, als müsstest du eine Ladung Steine mit dir herumschleppen", sagt Mama. „Aber gegen schlechte Laune können wir etwas tun!" So entdecken Mia und Flo, wie sie ihren Glücksrucksack mit guten Gedanken und Gefühlen füllen können, sodass sie wieder fröhlich und glücklich sind.

Mit Glückspostkarten und zusammenfassenden Tipps im Buch!

In diesem Sammelband geht es um das Miteinander. Alle drei Sammelbandgeschichten kreisen um wichtige Themen aus dem Erziehungsalltag: Trotzen, Bestimmen, Rücksicht nehmen und nicht zuletzt um das so wichtige Thema Selbstvertrauen entwickeln.
Bestens für Kinder im Kindergartenalter geeignet.

Der Sammelband enthält folgende Bücher:

- **Der kleine Räuber will, dass alles wieder gut ist!**
(Ein Buch zu den Themen Trotzen und Bestimmen wollen)
- **Der kleine Ritter Eduard**
(Ein Buch zum Thema Selbstvertrauen)
- **Eine Krone von Drache Mucks**
(Ein Buch zum Thema Rücksicht nehmen)

Vier Bilderbuch-Hits in einem abwechslungsreichen Sammelband! In allen Bilderbüchern dieses Sammelbandes geht es nicht nur um die richtige Art, sich mit anderen oder in der Gruppe auseinanderzusetzen, sondern auch darum, wie man Streit vermeiden kann. Einfache Regeln helfen, die Lösungsansätze auch im Familienalltag oder im Kindergarten durchzuhalten.

Der Sammelband enthält folgende Bilderbuch-Hits:
- **Die kleinen Streithammel**
- **Der kleine, freche Quengelkasper**
- **Der Freundschaftsstein**
- **Nicht flunkern, kleiner Prinz!**

Auch zu diesen Bilderbüchern gibt es tolle begleitende 'Spiel- und Bastelideen' im Internet unter www.albarello.de

Alle unsere Bücher finden Sie unter:
www.albarello.de